N° 148 — tome XLII Avril 1902

MERCVRE

DE

FRANCE

(Série Moderne)

Treizième année

HENRI ALBERT, R. DE BURY, LEON CHARPENTIER,
MARCEL COLLIÈRE, HENRY-D. DAVRAY, GEORGES EEKHOUD,
PEER EKETRÆ, ANDRÉ FONTAINAS,
REMY DE GOURMONT, A.-FERDINAND HEROLD, CHARLES-HENRY HIRSCH,
VIRGILE JOSZ, GIORGIOS LAMBELETIS, J.-C. MARDRUS,
JEAN MARNOLD, FRANÇOIS PORCHÉ, DOCTEUR ALBERT PRIEUR,
PIERRE DE QUERLON, PIERRE QUILLARD,
RACHILDE, YVANHOÉ RAMBOSSON, HENRI DE RÉGNIER, VICTOR SEGALEN,

Voir le Sommaire au verso.

PRIX DU NUMÉRO

France : 2 fr. *net* | Étranger : 2 fr. 25

DIRECTEUR

ALFRED VALLETTE

PARIS-VIme

…V MERCVRE DE FRANCE

…E L'ÉCHAUDÉ-SAINT-GERMAIN, XV

MCMII

SOMMAIRE

—

N° 148. — AVRIL 1902

Virgile Josz. . . . . *Watteau à Paris : le Début de l'Aventure* 5
Pierre Quillard. . . . . *Lied* 56
Victor Segalen . . . . *Les Synesthésies et l'École Symboliste* 57
J.-C. Mardrus . . . . *Fleurs et Fruits (Extraits des « Nuits »)* . . . . . . [illegible]
Léon Charpentier. . . . . *Rituel et Code ésotériques de la Société secrète des Boxers* 99
François Porché . . . . *Poèmes* 142
Pierre de Quérlon. . . . . *La Liaison fâcheuse*, roman (I-XII). . . . 147

REVUE DU MOIS

Remy de Gourmont. . . . . *Épilogues* 174
Pierre Quillard. . . . . *Les Poèmes* 180
Rachilde . . . . *Les Romans* 185
Henri de Régnier. . . . . *Littérature* 197
Marcel Collière . . . . *Histoire* 203
Docteur Albert Prieur. . . . . *Sciences* 208
Charles-Henry Hirsch. . . . . *Les Revues* 212
R. de Bury . . . . *Les Journaux* 221
A.-Ferdinand Herold. . . . . *Les Théâtres* 228
Jean Marnold . . . . *Musique* 236
André Fontainas. . . . . *Art moderne* 244
Yvanhoé Rambosson . . . . *Publications d'art* 251
Georges Eekhoud. . . . . *Chronique de Bruxelles* 257
Henri Albert. . . . . *Lettres allemandes* 264
Henry-D. Davray. . . . . *Lettres anglaises* 268
Georgios Lambelétis . . . . *Lettres néo-grecques* 276
Peer Eketræ . . . . *Lettres scandinaves* 280
Mercvre . . . . *Publications récentes* 285
— . . . . *Échos* 287

LES MANUSCRITS NE SONT PAS RETOURNÉS

Les auteurs non avisés dans le délai d'UN MOIS de l'acceptation de leurs ouvrages peuvent les reprendre au bureau de la Revue, où ils restent à leur disposition pendant un an.

MERCVRE DE FRANCE

TOME QUARANTE-DEUXIÈME

Avril-Juin 1902

MERCVRE DE FRANCE

26, RVE DE CONDÉ, 26

VIRES ACQVIRIT EVNDO

Paris, le 13 VII 1913

Monsieur

Nous pouvons vous fournir le nº du Mercure du mois d'avril 1902 qui contient bien l'article demandé.

Ce numéro ancien vaut 2 francs.

Nous n'avons rien sur la F. M. dans notre revue.

Recevez Monsieur nos salutations empressées.

Polaizot

Avril-Juin — Tome XLII

MERCVRE

DE

FRANCE

(Série Moderne)

PARIS-VIe
SOCIÉTÉ DV MERCVRE DE FRANCE
XV, RVE DE L'ÉCHAVDÉ-SAINT-GERMAIN, XV

MCMII

RITVEL ET CODE ÉSOTÉRIQVES DE LA SOCIÉTÉ SECRÈTE DES BOXERS

—

I

C'est dans une râfle opérée par la police secrète dans des bouges chinois qu'ont été découverts, par hasard, les documents que nous analyserons et qui nous permettront de décrire les cérémonies de l'initiation dans la Société des Boxers et de montrer le code intérieur qui les régit.

Depuis plus de six siècles que l'invasion mandchoue a, pour la première fois, pénétré en Chine, depuis que, trois siècles après, une nouvelle race eut renversé la dynastie des Mings au profit des Tsings, le peuple indigène n'a jamais cessé de bercer dans son âme indolente et résistante à la fois, sournoise et fidèle, le rêve d'un gouvernement de la Chine par les fils des anciens maîtres.

Or, ce culte de la Chine ancienne et des empereurs issus d'elle est l'une des causes initiales de la naissance des sociétés secrètes, l'un des principaux aliments de leur infatigable activité.

Dans une nation, tant que le culte du passé est vivace et que tous aiment une commune tradition de politique, de religion, de mœurs, il règne un très vif esprit de solidarité. Si, de plus, la masse du peuple est exploitée et asservie, s'il n'y a plus de justice à attendre de la race victorieuse qui a accaparé les emplois, les bénéfices, les honneurs, les fils desherités des antiques indigènes se rapprochent, se resserrent, se tiennent et forment, réseaux occultes, des trames vengeresses dont la menace inévitable reste constamment suspendue sur les oppresseurs.

En outre, c'est un fait que nous relevons et que l'ethnologie classera un jour parmi ses lois, un peuple est d'autant plus enclin à produire, en dehors de la grande association visible, un grand nombre de groupes secrets, en vue d'un but distinct, d'un idéal latent, et selon des modes propres, que son tempérament physique et sa mentalité spéciale le portent davantage au symbolisme, qui est une transformation des idées, des actes et des mœurs, en figures et en rites. Tout symbole non universel et courant, — et il y en a toujours de tels quand l'âme d'un peuple en est féconde et ne cesse d'en créer d'instinct, — tout symbole un moment réservé amène un groupement entre ceux qui l'emploient. En sorte que la Chine, race extrêmement symboliste dans sa langue, dans sa poésie, dans ses mœurs, même sans traditions à poursuivre et sans le besoin de solidarité entre les obscurs persécutés, eût fourmillé de sociétés secrètes.

Le génie intrigant d'une femme politique, l'impératrice Sy-Taï-Héou-Hou, a su détourner temporairement de la race tartare, contre les étrangers, qui le méritaient peut-être, le traditionalisme fanatique des sociétés secrètes, pour en faire un patriotisme barbare en ses manifestations, mais légitime à sa source.

La Société Secrète des Boxers est le porte-étendard de cette levée en masse. Le nom que nous lui donnons lui vient des Anglais, parce qu'en effet ses membres pratiquent l'exercice de la boxe. Il ne fait presque que traduire le nom de Société des *Poings Harmonieux*. Sous cette appellation sportive qui la cache et la dérobe aux persécutions des mandarins, elle n'est autre que la société tranformée des *Grands Couteaux*, qui existait en Chine depuis plus de trois cents ans.

Il serait curieux d'étudier en détail les expressions d'argot dont ses membres font usage entre eux.

Pour signaler l'arrivée de la police, ils crient au *courant d'air*; pour celle des troupes gouvernementales, ils signalent un *orage*. Lorsqu'ils volent sur la voie publique, ils *chassent la perdrix*. Piller un navire, c'est *manger des canards*. Ravager un village, c'est *faire le grand tour en croisière*. Celui qui saccage une boutique fait le *cure-oreille*. Celui qui assassine quelqu'un lui *lave le corps*. Couper une oreille, c'est *retirer ce qui amène le vent*. Enfin dans les importantes entreprises, *décrire un grand cercle*, c'est attaquer la capitale de la province.

Toutes les sociétés secrètes de la Chine n'ont pas, dans leur programme, des opérations aussi scabreuses; mais plusieurs ont dégénéré en associations de brigandages, peut-être à cause de précédentes persécutions.

C'est dans la solitude des jungles et des montagnes, lieux propices aux conspirations politiques d'antan, que se tinrent autrefois les réunions des confréries chinoises. Aujourd'hui, elles possèdent des locaux spécialement aménagés à cet effet, et souvent les assemblées ont eu lieu sous la protection des agents anglais.

A la porte de la loge, que la langue symbolique des associés nomme : *Cité des Saules*, se tient un huissier avec un bâton rouge. Pour pénétrer dans la *Cité des Saules*, il faut prendre le bâton à deux mains et réciter les vers suivants :

Je tiens la canne rouge dans mes mains :
Sur la route, vers la Cité des Saules, je n'ai aucune crainte.
Vous me demandez, frère, où je vais.
Je suis parti bien tôt, mais je marche lentement.

Il y a longtemps, en effet, qu'ils sont en marche vers leur but de révolution patriotique contre les Tartares.

Ceux qui ont voulu franchir le seuil de la loge, ne sachant point cette formule, ont eu la tête tranchée. Les lois de la Société sont sévères sur ce point.

Après avoir passé la grand'porte, on arrive dans la *Salle de la Sincérité et de la Justice*, puis, dans la *Véritable Cité des Saules*, puis, dans le *Pavillon fleuri rouge*. C'est là que se trouve le grand autel, avec la chaire du Sien-Sang ou Maître de la loge.

Là aussi se voient le *Cercle mystique du Ciel et de la Terre*, le *Pont à deux planches*, l'une de cuivre, l'autre de fer, la *Fournaise incandescente* et divers autres objets dont nous parlerons dans la suite. Enfin, c'est dans une dernière chambre spéciale, nommée *Marché de la paix universelle*, que les candidats, purifiés par des ablutions, revêtus de vêtements neufs, se préparent à être reçus.

Chaque candidat est introduit devant le Maître par un fonctionnaire de la loge, lequel se porte garant que, pendant quatre mois, le nouveau membre ne se querellera pas avec ses frères, et que, pendant trois ans, il n'enfreindra, même légèrement, aucun des 36 articles de la société.

Ces 36 articles sont lus à haute voix au récipiendaire agenouillé.

Le 1er porte que la piété filiale est la plus haute de toutes les vertus.

L'on voit ensuite que le secret est absolu. Celui qui l'aura trahi aura une oreille coupée et recevra 108 coups de bâton. Tout membre de la société considérera les autres comme des frères, à quelque classe qu'ils appartiennent, seigneurs, lettrés ou artisans. — Dans les réunions de la société, vous ne cacherez pas les serpents parmi les dragons (c'est-à-dire les Mandchous parmi les Chinois)!!

Alors, l'assemblée entière récite la prière suivante qui est, en réalité, dans leur rituel compliqué et puéril, le morceau capital, non par un symbolisme plus spécial ou par un réalisme plus coloré, mais, au contraire, parce qu'il présente clairement et sans ambages la raison d'être et le but de la confrérie.

« Avec solennité, nous offrons aujourd'hui de l'encens et adressons cette prière à Pan-Kou, qui le premier sépara le ciel de la terre.

« Vénérant la sainte volonté qui nous unit tous, nous désirons avec ferveur renverser Tsing et rétablir Ming, afin d'obéir à l'ordre du Ciel, et nous demandons que le ciel et la terre tournent ensemble. »

Ici le chœur se tait, et le récipiendaire seul continue :

« Aujourd'hui, je me présente au milieu de mes frères, devant X, qui est maître de la loge de X, près du village de X, dans le district de X, de la préfecture de X, dans la province de X. »

Et la foule reprend :

« Tous les frères ici présents aujourd'hui sont des hommes vaillants et courageux.

« Nous sommes venus en masse pour jurer fraternité devant le ciel et la terre, et nous jurons, en effet, de posséder tous le même cœur et d'être animés du même esprit. Nous mêlerons notre sang pour justifier ce serment.

« Nous prions et supplions les dieux du ciel et de la terre, Liu-Pi, Kwan-Yu et Chang-Si, qui ont juré fraternité dans un jardin de pêchers.

« Du même cœur nous obéirons au Ciel, nous agirons vertueusement et nous renverserons Tsing pour rétablir Ming.

« D'un commun accord et nos forces réunies, nous nous mettrons à la recherche du véritable maître. Nous reconquerrons l'empire, et nous rétablirons le vrai trône, afin que prospère l'héritier de la grande dynastie des Mings.

« Nous offrons aujourd'hui de l'encens, et nous formulons cette prière, espérant qu'elle sera écoutée de l'Être suprême, du premier Vénérable céleste, des trois lumières, qui tombent du soleil, de la lune et des étoiles, des cinq planètes du divin génie Wu-Tao.

« Et nous prions aussi Bouddha, les dieux Shih-Ria et In-Lay, les déesses Kwan, Shi-Yin, les quatres rois suprêmes. Que tous les dieux descendent sur l'autel et nous écoutent !

« Nous appelons aussi le fondateur Chu-Hung, les ancêtres Hung-Khi-Shinh, le prince héréditaire Chou-Hung-Shu, le président Wan-Yun-Lung, le maître Chin-Kin-Nan et les cinq fondateurs.

« Et nous faisons vœu de considérer tous nos frères, dans le monde entier, comme issus d'une même mère. Et si le Ciel nous aide à rétablir la dynastie des Mings, le bonheur se répandra dans tout l'univers. »

Alors, tous, afin de bien marquer leur refus de reconnaître la dynastie étrangère qui règne sur leur pays, les membres de la société défont leur natte et laissent prendre librement leurs cheveux sur leur dos. L'épaule droite et la poitrine restent nues.

On sait, en effet, que l'usage de porter les cheveux en natte est d'une origine tartare et n'a rien absolument de chinois dans sa genèse.

Après la prise de la capitale de Liao-Toung, en l'année 1619, les Tartares victorieux ordonnèrent, par un édit promulgué sévèrement dans toute la Chine, que les vaincus se fissent raser la tête et ne conservassent qu'une tresse, à la manière de leurs conquérants, de peur que la différence des coiffures nationales ne montrât, par une opposition constante, combien petit était le nombre des vainqueurs devant l'immensité du peuple subjugué, qui aurait pu, de là, entretenir une latente espérance.

Les Tartares en vinrent à devoir édicter la peine de mort contre les Chinois qui se refuseraient à l'adoption de cette coutume mandchoue, et il parut à ceux-là si déshonorant de subir ce point de servitude que beaucoup préférèrent perdre la vie.

Les Tartares eurent aussi un motif de facilité matérielle, en imposant la tresse aux vaincus. L'on se rend compte, en effet, combien il est aisé de contraindre à l'obéissance un homme que l'on tient par les cheveux. Aujourd'hui encore, l'on voit fréquemment, dans les rues de Canton ou de Shanghaï, un seul policier emmenant par leur queue une demi-douzaine de Chinois.

C'est à partir du XVIIe siècle que toucher la queue d'un Chinois constitua à son égard l'une des plus vives offenses.

Avant cette époque, les bonzes seuls se rasaient, et non seulement les Chinois ne portaient pas de nattes, mais ils accordaient à leur chevelure les soins les plus minutieux. Vers le milieu du XVIIe siècle, le P. Alvarez Sesmedo a décrit curieusement les usages des anciens Chinois sur ce point.

Il n'était qu'une seule circonstance où les mœurs nationales conseillassent aux Chinois de se raser la tête : dans les grandes afflictions, en signe de deuil.

C'est donc à la fois pour symboliser la résistance aux envahisseurs tartares et en expiation, que le rituel de la confrérie prescrit la cérémonie de la coupe des cheveux, ou, tout au moins, la simulation de cette coupe, qui, réellement opérée, constituerait un péril pour le *frère*, ainsi désigné aux sévérités de la loi.

Lorsque, chevelure dénouée et poitrine nue, les affiliés se sont rangés en cercle, l'avant-garde ou introducteur vient se placer devant le maître de la loge et lui dit :

— Que votre Seigneurie vive des milliers d'années!

Le maître :

— Qui es-tu, toi qui oses te présenter devant moi?

— Je suis Thian-Yu-Hung, l'avant-garde de Ming.

— Comment peux-tu le prouver, que tu sois bien Thian-Yu-Hung, l'avant-garde?

— Je le prouve par des vers.

— Que disent ces vers?

L'avant-garde :

« J'introduis les apprentis dans la cité des Saules,
Et ceux qui viennent du jardin des pêchers,
Dans le désir d'entrer en fraternité,
Et pour faire triompher le nom de Ming! »

Le maître de la loge :

— Avant-garde, quel est votre but en vous présentant devant moi?

— Je viens vous présenter de nouveaux soldats ; ils sont vaillants; leur cœur est d'airain. Ils veulent être admis dans la société.

— Comment pouvez-vous le prouver ?

— Par des vers.

— Que disent ces vers ?

L'avant-garde :

« Le cours des choses est brillant; le soleil et la lune marchent en harmonie.

L'univers s'étend au-delà des quatre mers et reçoit les trois fleuves.

Nous avons juré de soutenir le trône de Chou
Et de l'aider de toute notre puissance humaine. »

Le maître :

— Pourquoi désirent-ils être reçus dans la société ?

— Parce qu'ils désirent renverser Tsing et rétablir Ming.

— Comment pouvez-vous le prouver ?

— Par des vers.

— Que disent ces vers ?

L'avant-garde :

« Nous avons examiné l'origine et rétabli les principes de l'ancienne poésie.

Le peuple de Tsing s'est emparé de notre bien.

Nous ressusciterons l'Empire, en nous conformant à la loi du chef.

Nous nous soulèverons par ce beau clair de lune, et nous arborerons la bannière de la patrie. »

Et voici bien un signe éclatant de l'étonnante puérilité de l'esprit chinois. Le rituel de l'initiation comprend 333 questions, auxquelles, selon la même formule, l'on répond par des vers. Et très peu dans ce fatras, sont aussi claires que celles que nous avons citées. Presque toutes sont d'un style symbolique, quelquefois terne, quelquefois très beau, où flottent, sous le voile des images, les espérances de la race chinoise. Mais cette longueur morne de la cérémonie, cette monotonie du formulaire, sont elles-mêmes un symbole de la patience traditionnelle de la Chine, de cette volonté lente et somnolente, indomptable, mais indomptable peut-être comme le sommeil de la mort, avec de terribles réveils... qui ne sont jamais des résurrections !

Certaines questions donnent la caractéristique extérieure de la Société des Boxers. Telles sont la 33e et les suivantes :

Le maître de la loge :

Comment avez-vous acquis votre expérience militaire ?

— Au couvent de Chao-Lin.

— Qu'avez-vous appris en premier lieu ?

— L'art de la boxe, qui m'a été enseigné par mes frères Hungs.

— Comment pouvez-vous le prouver ?

— Par des vers.

— Que disent ces vers ?

L'avant-garde :

« Les poings des braves et vaillants Hungs sont connus de l'univers entier.

Depuis le couvent de Chao-Lin (la création de la société), ce fait a été reconnu.

Sous la voûte des cieux, nous nous nommons tous Hungs.

Nous aiderons le prince appartenant à la dynastie des Mings. »

Voici à l'adresse de la race blanche. Questions 50e et suivantes :

Le maître de la loge :

— Qu'avez-vous vu sur la route ?

— Un héron blanc qui s'envolait.

— Comment pouvez-vous le prouver ?

— Par des vers.

— Que disent ces vers ?

L'avant-garde :

« Je levai la tête, et je vis un héron blanc qui prenait son vol.

Je lançai dans l'air une flèche puissante et mortelle.

Cent fois je tirai et cent fois je touchai.

Les biens de Ming lui seront rendus. »

Parmi ces innombrables questions, il y en a d'un symbolisme poétique ; ainsi la 57e et les suivantes :

Le maître de la loge :

— Qui avez-vous rencontré sur le chemin ?

— Une femme.

— Comment était-elle vêtue ?

— Elle était vêtue de blanc et montait un cheval blanc. Dans sa main gauche, elle tenait un panier de fleurs, et, dans sa droite, un sceptre.

— De quel côté s'est-elle dirigée ?

— Elle a disparu dans un bois de sapins et de cyprès.

— Comment pouvez-vous le prouver ?

— Par des vers.

— Que disent ces vers ?

« Lorsqu'un arbre qui dépérit arrive au printemps, il reprend sa vigueur et sa pousse.

Lorsque les huit génies traversent les mers, ils portent dans leurs cheveux des fleurs d'or.

La princesse se promène à cheval le long des routes.

Les grottes tapissées et ornées de sapins et de cyprès sont nos demeures. »

II

On ne peut attendre de nous que nous relations ici les 333 questions du rituel. Pour la grande part, elles ne seraient compréhensibles que si nous les accompagnions de très longs commentaires, car elles font, presque toutes, allusion à quelque légende merveilleuse de la Chine ancienne.

Et, disons-le avec un sourire un tantinet sceptique, il faudrait à chaque récipiendaire une fière érudition sur les antiquités de la Chine, pour comprendre le symbolisme des questions qu'on lui pose, des réponses qu'il formule, des cérémonies auxquelles il est mêlé. Le seul nom de *Cité des Saules*, donné à la loge, évoque toute une légende.

Vers l'an 630 de l'ère chrétienne, l'empereur Taï-Tsoung, de la dynastie Tang, envahit les terres d'un roi barbare du Nord. Ce roi se nommait, harmonieusement, *Cheh-Peh-Pao-Kang-Wang ;* sa capitale était *Minh-Yang-Ching*, qui signifiait *Cité des Saules*.

La ville se composait de cinq enceintes concentriques, dont la dernière, le cœur même de la *Cité des Saules*, était défendue par la fille du roi tartare, la princesse *Thu-Lu*.

L'Empereur Taï-Tsoung avait coutume d'être victorieux. Il emporta d'assaut, de l'aube au couchant, les quatre premiers remparts de la capitale ennemie. Le lendemain, à la pointe du jour, il se préparait pour l'attaque suprême de la dernière enceinte, quand il vit la princesse *Thu-Lu*, dont on lui avait vanté le génie militaire et le courage guerrier, s'enfuir avec les troupes d'élite qui ne tentaient même pas de résister au conquérant chinois.

L'Empereur Taï-Tsoung rit beaucoup. Et, triomphalement, il entra dans le cœur de la *Cité des Saules*.

Seulement, la princesse Thu-Lu ne s'enfuit pas plus loin que les remparts de la ville; et, à son tour, elle y cerna Taï-Tsoung et son armée, afin de les réduire par la famine. Au bout de trois mois, la faim commença à faire des hécatombes parmi les Chinois si formidablement joués par la princesse *Thu-Lu*.

Mais Bouddha envoya — car les dieux aiment la Chine, — une chauve-souris mystérieuse, qui guida l'Empereur Taï-Tsoung vers un silo tellement vaste et plein de riz que le fils du Ciel n'eut plus à craindre, comme triste et dangereuse, la perspective de garder indéfiniment son rôle d'assiégé. Il avait le loisir, désormais, d'attendre que des secours arrivassent, au gré de la bonne fortune.

Jusqu'alors, tous les messagers que Taï-Tsoung avait lancés hors de la *Cité des Saules*, avec ordre de traverser les lignes tartares et d'aller quérir des renforts sur la terre de Chine, tous ces envoyés porteurs des ordres impériaux et des plaintes désespérées du grand conquérant, déçu cette fois, avaient été saisis et sommairement égorgés par les Barbares.

Si bien que nul, même parmi les favoris du roi, ne se souciait plus de solliciter le mortel honneur de ce message.

Toutefois, l'apparition de la chauve-souris miraculeuse ranima les espoirs et réveilla les dévouements. Ching-Yao Kin, l'un des favoris de l'Empereur, s'offrit pour le salut de tous et sortit de la *Cité des Saules*.

Les Tartares l'aperçurent et le poursuivirent au galop de leurs chevaux effrénés.

Alors, un nuage qui planait dans l'espace descendit sur la terre ; il enveloppa, il cacha, il emporta Ching-Yao-Kin comme en un char fantastique, et le déposa sain et sauf sur les frontières de la Chine. Mais, ému de ce voyage exceptionnel, à peine descendu de cet excellent nuage, Ching-Yao-Kin s'évanouit.

Qui dira combien de temps il resta dans cette prostration funeste ? Car, durant tout ce temps-là, l'Empereur Taï-Tsoung et l'armée chinoise espéraient vainement en lui.

Mais il arriva qu'un vieux bonze découvrit Ching-Yao-Kin, le ranima et lui montra la voie vers la capitale de la Chine.

Pourtant, des années se fussent écoulées sans amener, par ces moyens quelque peu lents, la délivrance des Chinois assiégés dans la *Cité des Saules*.

Mais surgit une solution que l'on n'attendait pas. La princesse Thu-Lu s'éprit de Lo-Ring, homme superbe, et brillant général qui commandait les troupes de Taï-Tsoung. Alors, la princesse Thu-Lu oublia sa gloire militaire, ses droits au trône paternel, la fidélité qu'elle devait à la cause tartare, la haine antique de sa race contre des ennemis de temps immémorial, et elle se tourna contre son père *Cheh-Peh-Pao-Khang-Wang*, qu'elle ne laissa pas aux Chinois la peine de vaincre et qu'elle battit elle-même complètement.

L'Empereur chinois Taï-Tsoung, ainsi délivré, et vitorieux de si bizarre façon, rentra en Chine, et, pour trophée insigne, il se décora du titre de *Fondateur de la Cité des Saules.*

Le souvenir de la *Cité des Saules* évoque malgré tout, aux yeux des Chinois, comme une image de leur suprématie sur toutes les autres races. Et quand les ancêtres des Boxers ont nommé *Cité des Saules* la loge où ils se sont réunis pour entretenir leurs espérances de résurrection nationale, ils ont voulu symboliser par ce nom l'asile où leurs desseins cachés, où leurs forces longtemps muettes, se préparent pour les révolutions à venir. C'est pourquoi les loges ont l'aspect d'un camp et rappellent, avant tout, le but guerrier de la confrérie.

Là où les ressources n'ont pas permis la construction de la *Pagode Précieuse* à neuf étages, l'on s'est contenté d'un espace quadrilatéral fermé de quatre murs dont chacun a une porte. Ces murs sont tapissés de triangles alternant avec des carrés.

Le triangle signifie union, le carré symbolise la force, et leur ensemble veut dire : l'union fait la force.

Dans les localités pauvres, la loge est en bambou.

Et le veilleur, qui, régulièrement, devrait se tenir au haut d'une tour pour surveiller l'arrivée des profanes, grimpe tout simplement à un arbre et s'assied sur une branche.

Chaque loge possède à sa tête un certain nombre de dignitaires. Il y a le Ta-Ko ou *premier frère*, un maître Sien-Sang, deux avant-garde *Sien Fung*, un procureur *Hung-Kouan* ou *Bâton Rouge*, treize conseillers I-Syé, dont un trésorier, un receveur et un aide-receveur.

Ces chefs sont obéis ; le fanatisme *des frères* leur prête un caractère irrésistible et sacré.

La confrérie est régie par un code ésotérique,

c'est-à-dire intérieur et secret, dont nous donnerons plus loin une analyse.

Mais il importe auparavant d'éclairer encore, par les antiques légendes de la Chine, quelques termes majeurs et quelques formules essentielles du rituel.

Veut-on savoir, par exemple, ce que le rituel entend par les cinq fondateurs, les cinq ancêtres? Pourquoi les néophytes ont puisé, au couvent de de Chao-Lin, le désir de combattre pour les Mings et y ont reçu leur instruction militaire? Pourquoi le nombre parfait de la société est 108? Pourquoi le *caractère* ou mot chinois qui signifie à la fois soleil, ou harmonie supérieure, est le même qui signifie le mot Ming?

Tous ces points de symbolisme ressortiront d'une très curieuse légende.

Sous la première tyrannie tartare, en 1368 de notre ère, cette domination fut secouée par le premier Ming, qui inaugura la dynastie de ce nom, la plus brillante de toute l'histoire de la Chine. Elle régna de 1368 à 1644, fournissant au pays seize empereurs, et lui procurant trois siècles de prospérité.

Son fondateur s'appelait Tchou. Il fut d'abord domestique dans un couvent de bonzes. C'est de cet humble commencement qu'il s'éleva à une puissance et à une gloire incomparables, rassemblant les patriotes chinois, chassant avec eux les oppresseurs, montant sur le trône, réparant les abus, faisant renaître le bonheur et la paix, semblable enfin à la Lumière triomphatrice qui, après être sortie des entrailles de la nuit, répand sur le monde la vie, la joie et la fécondité.

Mais, en 1644, les Mandchous lancèrent contre la Chine une nouvelle invasion mystérieuse. Et, tandis que la dynastie des Mings retournait à la nuit, Tchouen-Tché, empereur tartare, montait sur le trône de l'Empire du Milieu. Il régna seize ans. En 1661, son fils Khang-Hi lui succéda. Sous son règne, les Eleuthes ou Mongols attaquèrent la Chine.

Lorsque les Eleuthes, au nombre de deux cent mille, se furent emparés de presque toutes les villes fortes, ils vinrent mettre le siège devant Thun-Kouan, forteresse située sur le fleuve Jaune, où s'étaient enfermés les derniers débris de l'armée chinoise. Les assiégés luttèrent désespérément dans l'attente de secours. Nul secours ne vint. La Chine était silencieuse et morte. L'empereur ne parvenait plus à lever la moindre troupe. Nul homme ne voulait plus combattre. Tout était perdu.

L'empereur fit afficher un édit promettant dix mille taëls d'or et la noblesse héréditaire au général qui vaincrait les Eleuthes. Son appel fut sans écho; la panique régnait partout.

Cependant, un moine du couvent de Chao-Lin, situé dans les montagnes de Kiouldan, étant descendu dans une ville voisine, vit le peuple commenter l'affiche impériale et l'abandon de la patrie.

Il rentra porter cette nouvelle au couvent de Chao-Lin. Le supérieur réunit tous les bonzes, et il leur dit :

— Nous sommes cent huit frères pour sauver la patrie, est-ce assez ?

Mettant la main sur leur cœur, tous répondirent :

— Nous sauverons la patrie et l'Empereur !

Le lendemain les moines partaient pour Péking.

Ils se présentèrent au palais impérial et remirent leur pétition. Ils demandaient à marcher seuls, les 108, contre toute l'armée ennemie.

L'Empereur leur fit donner des armes et des chevaux.

Ils acceptèrent, mais ils répondirent : « Nous savons la magie. »

Ils arrivèrent en présence des Eleuthes. Alors, tirant leurs sabres, ils firent des passes magiques et évoquèrent les esprits Luh-Song et Luh-Kah.

Les esprits répandirent une pluie de sable et de pierres ; il s'éleva un ouragan effroyable ; le ciel fut obscurci par des tourbillons de poussière, et, dans cette obscurité mystérieuse et magique, les Eleuthes s'entretuèrent.

Les *Cent-huit* revinrent vers l'Empereur.

Il voulut les garder près de lui, les combler de titres, de richesses.

— Seigneur, répondirent-ils, nous désirons retourner au couvent de Chao-Lin, dans les montagnes de Kiouldan.

— Faites selon votre désir, dit l'Empereur, mais acceptez ma bague de jade à trois anneaux et mon cachet, en souvenir de moi.

Les moines s'agenouillèrent pour remercier le Fils du Ciel. Ensuite, ils retournèrent au couvent de Chao-Lin.

Plus tard, après la mort de Khang-Hi et sous le règne de son fils *Young-Ching*, il y avait dans la province de Fuh-Kian, un mandarin nommé Cang-Ching. Celui-ci convoitait les trésors du couvent de Chao-Lin, la bague de jade et le cachet de l'Empereur Khang-Hi. Il les demanda au chef des bonzes. Sur son refus, le mandarin alla trouver l'Empereur régnant et lui déclara que les moines de Chao-Lin, s'autorisant des souvenirs de son père, excitaient le peuple à la révolte contre le nouveau maître.

Le mandarin sollicita l'honneur de châtier les coupables ; l'Empereur y consentit.

Une nuit, le mandarin fit cerner le couvent par de nombreuses troupes, et le feu fut mis afin que tout pérît, hommes et trésor, puisque les moines ne voulaient pas le livrer.

Lorsque plus de cent moines furent morts dans les flammes, Bouddha eut pitié. Il établit un nuage épais, comme un pont au-dessus des flots rouges de l'incendie, et par là cinq moines purent s'échapper. Ils s'enfuirent jusque sur le bord de la mer. Mais des soldats lancés à leur poursuite les y rejoignirent, et, de nouveau, Bouddha les enveloppa d'un nuage et les enleva aux cieux.

Mais ils en redescendirent et retournèrent aux lieux où avait été le couvent de Chao-Lin.

Ils aperçurent un encensoir de porcelaine blanche qui flottait sur un ruisseau.

L'ayant pris, ils virent dessus cette inscription : *Tan-Tsing*, *Puh-Ming*. Ce qui signifie : Chassez Tsing, rétablissez Ming.

Puis, ils trouvèrent, près d'une tombe, un sabre en bois de pêcher. Il portait l'image de deux dragons ; ce qui signifie deux empereurs. Et il y avait encore l'inscription:Chassez Tsing,rétablissez Ming. Alors, ils prirent de l'eau dans une coupe, se piquèrent pour y mélanger un peu de leur sang à tous, et jurèrent de se répandre dans toutes les provinces de l'Empire, d'y susciter des adeptes à leur dessein, pour les unir comme des frères par le même serment.

Telle est l'histoire des *Cinq Ancêtres*, ou fondateurs de la Société.

Si l'on juge qu'il a fallu toute cette légende, que nous avons d'ailleurs écourtée de mille détails, pour éclairer quelques points de la doctrine symbolique de la confrérie, on peut voir quelle érudition serait nécessaire aux néophytes qui devraient comprendre le sens complet du rituel.

Et, par ces observations répétées, nous voulons faire ressortir le trait le plus curieux de l'esprit chinois, qui est un amour passionné de la vie, des mœurs et des traditions anciennes de leur pays, ou plutôt des innombrables et vastes légendes où la Chine croit reconnaître son passé.

III

Lorsque le formulaire des 333 questions et réponses a été récité, l'on fait passer le récipiendaire sous une arche formée par deux épées croisées au-dessus de sa tête; cela s'appelle passer sous le *pont de fleurs*.

Puis a lieu la cérémonie de la coupe de la natte. Toutefois, cette cérémonie est désormais fréquemment supprimée, pour que, devant les recherches éventuelles de la police, les frères ne portent aucun signe extérieur d'affiliation.

La coupe ayant été faite ou simulée, ces néophytes sont menés devant un vase rempli d'eau, où ils doivent mirer un visage loyal comme sa transparence, cependant que l'assistance récite des vers, toujours.

Après quoi, et encore pendant la récitation de quatrains, on enveloppe de mouchoirs rouges la tête des nouveaux membres, en souvenir de la couleur préférée des Mings antiques.

Ensuite, on enlève aux candidats leurs souliers, que l'on remplace par des pantoufles de paille.

C'est, en Chine, un signe de deuil. Tout frère

n'est-il pas en deuil, tant que les Mings ne sont pas revenus ?

Puis, moment solennel, on conduit les néophytes devant un autel où se trouvent l'antique encensoir en porcelaine blanche, et la bague de jade aux trois anneaux, et le sceau du vieil Empereur Kang-Hi. Mais nul œil mortel ne peut voir ces deux derniers bijoux, enveloppés dans un étendard des *Cinq Ancêtres*. Sur l'autel, se trouve aussi l'épée en bois de pêcher, qui porte peinte l'image des deux dragons en lutte pour une perle, et les quatre caractères fatidiques : Chassez Tsing, rétablissez Ming.

Les néophytes sont interrogés sur l'origine et sur la majesté de ces reliques. Puis, ils offrent des brins d'herbe et des bâtons d'encens, pour rappeler à la fois les jours où les fondateurs prospéraient dans le couvent de Chao-Lin et l'époque triste où ils erraient dans les bois.

On présente neuf brins d'herbe et quatre bâtons d'encens, et, pour chacun de ces objets, on récite plusieurs vers.

On allume ensuite, devant l'autel de Bouddha, deux torches de résine, peintes en rouge et en noir ; ce qui rappelle l'incendie de Chao-Lin et le pont de nuage sur la rouge rivière de feu.

Quand les torches sont consumées, on apporte des coupes de jade, sur lesquelles, comme jadis les Cinq Ancêtres, les frères d'aujourd'hui se jurent fidélité.

Alors seulement, on les introduit dans le mystère du *Pavillon fleuri rouge*, où flottent les étendards des *Cinq Ancêtres*, qu'ils donnèrent aux cinq provinces où chacun d'eux fonda une loge avant de mourir.

L'étendard est noir pour la province de Fo-Kien, rouge pour celle de Kouang-Toung, jaune pour le Yunnan, vert pour le Tsé-Kiang, bleu pour le Hou-Kouang.

Là aussi, sont suspendus les pavillons des cinq généraux qui succédèrent aux cinq ancêtres : et les pavillons des cinq *éléments*, noir pour l'eau, rouge pour l'air, vert pour le bois, blanc pour le fer, jaune pour le feu.

On y voit également les pavillons des quatre points cardinaux, les quatre étendards des saisons, ceux du ciel, de la terre, du soleil, de la lune, les étendards des sept étoiles, et bien d'autres encore.

C'est là, dans le *Pavillon fleuri rouge*, qu'est la suprême attente des frères patriotes ; c'est là que l'héritier des Mings se révélera un jour à ses fidèles, et c'est de là qu'il prendra sa course pour briller et régner, lumière céleste, sur tout l'Empire du Milieu, en des âges prospères et qui ne finiront plus.

IV

La Société Secrète des Boxers est fondée sur des bases tellement profondes et étendues, elle forme à ce point un état dans l'Etat qu'elle s'est composé un code ésotérique dont les prescriptions ont leur sanction pénale assurée, en dehors des lois publiques de la Chine.

Au reste, il faut le redire, cette société, comme toutes celles qui obéissent au but politique de travailler à la renaissance de l'esprit chinois et de renverser la dynastie mandchoue, était l'objet des plus ardentes poursuites de la part du gouvernement soumis aux Tartares.

C'est dans un dessein passager que la *Grande*

Impératrice se l'est alliée et a réussi à la lancer, nous l'avons fait observer déjà, contre les *diables étrangers*. Voilà comment l'on peut expliquer que les membres de cette secte, même sous la menace constante de châtiments que leur promettaient les autorités de leur pays, aient pu se donner le titre de Société Impériale, ainsi qu'il est prouvé par le texte transformé et presque officiel de la nouvelle formule de convocation qu'adressait, avant la guerre, le bureau de chaque loge à ses affiliés.

Société impériale
Très-droite et Très-Harmonieuse
des Poings de la Parfaite Harmonie

Membre X..... vous êtes convoqué pour le.....Et vous devez vous trouver à.....

Exaltez la dynastie!
Tuez les étrangers!

Si vous désobéissez à cet ordre, vous perdrez votre tête.

On le remarque, l'ancienne devise : *Renversez Tsing, rétablissez Ming*, a été temporairement remplacée; il s'agit d'accepter, pour le présent, la dynastie régnante et de se ruer ensemble contre les étrangers.

Et cette alliance entre la Société secrète, jadis la grande ennemie, et le gouvernement mandchou a été rendue publique. Que l'on compare, en effet, — et cela est important pour la conduite qu'auront à tenir les nations européennes, — deux appels à la guerre, affichés, à des époques différentes, par la Société des Boxers.

On trouva autrefois, placardée dans le cimetière anglais de Macao, la proclamation suivante :

Illustre, illustre, la Nation du Milieu!
Vaste, vaste, l'Empire des Célestes!
Mille Etats lui paient leur tribu

Dix mille nations fréquentent sa cour.
Les hommes de Hoo l'ont usurpée et salie.
Le ressentiment de ce forfait ne peut être apaisé,
Enrôlez des soldats, achetez des chevaux.
Voilà ce que dit bien haut le *Pont des Fleurs*.
Soulevez des soldats, levez les harpons!
Détruisez et exterminez la dynastie Tsing!

Jusqu'ici, on le voit, le but ancien subsiste toujours, et la proclamation se ferme sur un anathème contre les Tsings, et cela, bien entendu, au profit des Mings sauveurs et paternels.

Mais voici la teneur de l'une des mille affiches belliqueuses que l'on pouvait lire partout en Chine, avant les récents massacres qu'elles éveillèrent :

Les dieux qui assistent les Boxers,
Société très droite et très harmonieuse,
Vous ordonnent de chasser les diables étrangers,
Qui viennent troubler l'empire du Fils du Ciel,
Obligeant les hommes à violer leurs serments,
Et les femmes à commettre l'adultère.
Vous tous, exterminez ces démons :
Détruisez les chemins de fer ;
Abattez les poteaux télégraphiques ;
Et surtout coulez les steamers.
Cela fera froid dans le cœur
A la Très Grande France ;
Cela réduira en poussière
Et les Anglais et les Russes ;
Et cela rendra à jamais prospère
L'élégant empire de la dynastie du Grand Tsing.

Ainsi donc, les Boxers ont oublié temporairement leur haine contre les Tsings aborigènes ; ils sont les alliés du gouvernement impérial, et c'est ce que l'Europe doit bien retenir. Mais, tôt ou tard, la Société Secrète reprendra son ancien chemin, qui est la révolution politique ; et le code ésotérique des Boxers ne subira pas le moindre changement par le fait de la déviation passagère de leurs efforts.

V

L'on a trop dit, et faussement, que les Boxers ne composaient qu'un ramassis de brigands. Ils ne le sont point par profession, et les atrocités qu'ils ont commises sont dues à leur fanatisme. Ce n'est point, d'ailleurs, sur la manifestation de leurs excès qu'il faut juger leur corps de règlements et de préceptes, pas plus que l'inconséquence des chrétiens baptisés qui se conduisent mal n'autorise, par exemple, à incriminer l'Evangile.

Le texte du code ésotérique des Boxers est placé, durant la cérémonie de l'affiliation, sur l'encensoir symbolique. Au moment marqué, l'un des membres les plus anciens le lit d'une voix retentissante aux récipiendaires qui l'écoutent agenouillés.

Il se compose de 36 articles. Voici le texte intégral du premier :

« Vous êtes de la Société fondée par les *Cinq Ancêtres* : vous êtes tenus de remplir fidèlement les devoirs qui vous incombent et de vous occuper de vos affaires.

« Il a toujours été admis que la première d'entre toutes les vertus est l'amour filial. C'est pourquoi, respectez vos parents et soyez-leur dociles. Obéissez et vénérez vos supérieurs.

« Vous offenseriez la loi des *Cinq Ancêtres*, si vous faisiez opposition à l'égard de vos parents.

« Celui qui enfreindra ce commandement est sûr de n'être pas aimé du ciel et de la terre.

« Il sera écrasé et foudroyé par le tonnerre divin.

« Que chacun de vous s'observe et suive ce précepte. »

Donc, ce paragraphe initial du code ésotérique de la confrérie s'ouvre par une affirmation de la loi morale et atteste que l'homme a des devoirs à remplir. Et encore, de même que, dans l'éthique des Anciens, à une époque où la conception de l'Etat n'avait pas absorbé toutes les autres idées morales et lorsque les ancêtres étaient pour les premières générations des Grecs et des Romains, — comme aujourd'hui pour les Chinois, — les divinités les plus certaines et les plus proches, la piété envers les parents, *pietas erga patres*, paraissait la fleur de toutes les vertus humaines et religieuses, ainsi, parmi ce peuple de Chine si différent, c'est d'elle que germa et naquit son traditionalisme privé et politique, et c'est d'elle que s'inspirent d'abord, dans leur vie, ces Boxers qui, si féroces que nous les puissions dire, furent grands, néanmoins, le jour où, passagèrement victorieux, on ne les fit trembler que par la menace de profaner les tombeaux antiques.

Et celui qui manque à ses parents ne viole pas, sans doute, les lois de l'Etat, mais il enfreint les règles de la confrérie. N'y a-t-il pas de sanction humaine? Il n'y en a pas; le soin de la vengeance est laissé au Ciel; tout rejette le coupable même pour le châtiment. La foudre peut seule le purifier en le tuant.

Et cela rappelle la coutume des vieux Romains, que Cicéron dit un jour avec une éloquence qui, à tort, ne lui semblait plus tard que de la rhétorique. Les premiers Romains cousaient le parricide dans un sac et le jetaient aux flots, afin qu'il n'eût plus ce que désire le naufragé, le rivage; ni ce que demande l'aveugle, la lumière, ni ce qu'implore l'exilé mourant, un coin de terre paternelle, ni ce qui console l'éprouvé, la contemplation de l'harmonieuse nature, ni même ce qui fait trembler le coupable, l'ordre du Monde, révélateur du Dieu qui ordonne, récompense et châtie. Mais le parricide était enfermé dans une prison de toile et jeté dans la nuit des eaux, de sorte qu'il ne fût pas la proie des bêtes, et qu'il n'y eût pour lui, profanateur des lois essentielles de la vie, qu'un infini abandon de tout, des choses, des hommes, des dieux !

Chaque article du code ésotérique débute par la même formule qui représente à l'affilié la cause de ses obligations : Vous êtes de la Société fondée par les *Cinq Ancêtres*.

Le deuxième article défend au sociétaire de communiquer, soit à son père, soit à sa femme, ou à son frère, ou à son fils, c'est-à-dire à qui que ce soit, le secret des délibérations. Et cette fois, si l'anathème lancé contre le transgresseur est encore symbolique, il est de plus fantastique, comiquement, car on lui souhaite de devenir un fantôme sans tête, sans doute pour marquer qu'il aura manqué de poids et de réflexion.

Mais il y a aussi, à l'infraction du silence, une sanction corporelle. L'on coupe une oreille au coupable, qui n'est plus digne d'entendre les secrets de la Société, et il est frappé de cent huit coups de bambou. Par où il apparaît que la Société Secrète des Boxers s'est formé une législation spéciale et procède, comme un Etat constitué, à la répression, d'après son code promulgué et fixé, des crimes et délits.

Le troisième article recommande la considération respective. Qu'ils soient comtes, marquis, généraux, ministres, ou qu'ils soient marchands, laboureurs, artisans, tous les membres se doivent des égards mutuels, d'où qu'ils viennent, car ils sont frères. C'est très beau. « Ne soyez pas confiant dans vos richesses, n'insultez pas le pauvre, ne vous basez pas sur votre puissance, pour opprimer le brave et l'honnête. »

Et voyez comme, partout, l'entendement de l'homme est quelquefois sublime : la majesté du faible est si divine que celui qui l'outrage sera considéré comme un blasphémateur et un parjure. Pourtant, c'est la doctrine des Boxers barbares qui dit cela.

Il n'y a pas de sanction corporelle, mais un simple anathème :

« Celui qui n'observera pas ce commandement d'aimer ses frères, s'il vient à mourir en pays étranger, qu'il soit la proie des tigres. »

On sent que l'homme qui n'est pas humain appartient aux bêtes.

L'article IV peut faire sourire, diversement, notre Occident sceptique : « Vous êtes de la Société fondée par les *Cinq Ancêtres* : vous ne devez plus insulter les prêtres bouddhistes ou taoïstes. Car les cinq fondateurs étaient prêtres d'origine, et nous les vénérons, bien que nous ne soyons pas les disciples des prêtres.

« Celui qui n'observera pas ce commandement, qu'il meure de *male mort*. »

Remarquez qu'ici le législateur vient de faire appel au mystère. Il ajoute cependant : « Le coupable sera puni de soixante-douze coups de bambou. »

L'article V ramène à la morale naturelle. Il proscrit le mensonge, la médisance, la calomnie. Il défend de séduire ou l'épouse ou la concubine d'un *frère*.

« Celui qui n'observera pas ce commandement, qu'il périsse dans une rivière ou dans un lac ! Que ses os aillent tout à fait au fond, et que sa chair flotte à la surface ! »

Le symbolisme de cette malédiction ? Le dissolu qui a effacé les liens conjugaux et la fidélité dans l'amour, qui a diminué ainsi la nécessaire cohésion de la famille et contribué à sa déliquescence funeste, de celui-là l'être mérite aussi de se dissoudre, de telle sorte que quelque chose de lui soit au fond, pour toujours oublié, et que le reste, chair flottante et vaine comme autrefois la vanité de ses passions mobiles, vogue à la dérive sur les ondes passagères, outrageuses et battantes !

En fait, au séducteur la Société coupe une oreille et inflige cent huit coups de bâton.

L'article VI proscrit la cupidité.

« Ne faites pas, à cause d'un gain, pénétrer la discorde entre les *frères*. »

Il recommande la probité et la sévérité dans les contrats.

« Que votre bouche ne dise pas *oui*, quand votre cœur dit *non*. N'exposez point, par suite d'une promesse verbale, les *frères* à se quereller.

« Celui qui n'observera pas ce commandement sera un méchant. Certainement, il périra en pays inconnu et sera enterré dans le ventre des pourceaux. »

Mourir loin de la patrie, et surtout en pays inconnu, est pour un Chinois une fin humiliante et dure. La sépulture dans le ventre des pourceaux signifie, par l'abjection de son symbolisme, la bassesse de ce vice qui s'y accorde, de la cupidité, par laquelle l'homme est soumis au désir de posséder les choses infimes.

Le délit d'improbité est puni, par les règlements

de la Société, de peines afflictives dont la nature et la gravité varient selon les circonstances.

L'article VII a un tout autre objet que les précédents; il jure ouvertement avec leur beauté morale. Il impose, en effet, à tous les *frères* l'accord et le secret pour éviter les droits de douane, dans les affaires de contrebande.

Cette fois, le redoutable châtiment est très positif.

L'indiscret qui aura trahi un *frère* et l'aura dénoncé aux agents de la douane ou du fisc sera criblé de mille coups de poignard; et sa tête sera séparée du corps.

L'article VIII est plus louable. Il invite à la pratique de l'hospitalité envers les *frères*, voyageurs volontaires ou pèlerins sans abri, du moment qu'ils peuvent fournir les signes de reconnaissance.

« Celui qui n'observe pas ce commandement aura violé le vœu de fraternité prononcé dans le *Pavillon fleuri rouge*. Il ne sera jamais heureux, et il mourra sans postérité. »

Celui qui ne veut pas de *frères* ne mérite pas d'enfants : tel est le sens de cette malédiction.

L'article IX prescrit, entre les *frères*, la douceur de langage, mère de la concorde. Celle-ci disparaît, parfois noyée dans le sang, lorsque les hommes s'enivrent ou même seulement se piquent de parler en badinant, et avec esprit, les uns contre les autres. Mais, entre les membres de la confrérie, la charité fraternelle et la longanimité doivent être à ce point grandes et solides qu'elles effacent toute différence entre le *mien* et le *tien*.

Et celui qui n'aura pas voulu cette unité si désirable et si douce doit avoir pour destin de mourir abandonné de tous, selon l'anathème lancé contre lui.

De plus, pour chaque action grave par laquelle il aura porté atteinte à la concorde, il recevra cent huit coups de bambou.

L'article X confirme et renforce les deux précédents.

Il ordonne aux *frères* de vivre et de mourir ensemble, et, pratiquement, de se protéger les uns les autres contre la police et les étrangers.

Ici, de nouveau, le châtiment est positif. Le traître périt criblé de balles, après qu'une oreille lui aura été coupée pour signifier qu'il était indigne d'entendre les mystères de la confrérie.

L'article XI recommande un acte de solidarité solennelle, dans la circonstance qui est pour le Chinois la principale de la vie : c'est-à-dire sans excès d'hyperbole, à la mort.

On sait avec quelle ardeur, avec quelle convoitise étrange, le Chinois rêve, chaque jour de son existence, d'être enterré dans le cercueil le plus beau qui soit possible.

Aux siècles passés, il arriva que, ne pouvant imaginer de tombe assez somptueuse à leur gré pour un parent défunt, les membres d'une famille, réunis en un repas funèbre, mangeassent le mort, pour l'ensevelir ainsi dignement, croyaient-ils, dans leurs propres entrailles. C'est un fait connu et répété que bien des Chinois, en émigrant hors de leur pays, emportent le cercueil fait du bois poussé dans la terre natale et dans lequel on les ramènera, plus tard, au cœur de l'antique patrie.

Et des Chinois de la classe pauvre, afin de se procurer l'argent pour acheter à leur père mort un beau cercueil, se vendent comme esclaves.

Aussi l'article XI du code ésotérique des Boxers est-il, de par son objet, l'un des plus graves, et l'essentiel peut-être, de tous les préceptes : car il prescrit aux *frères* de se cotiser, lorsque meurt un pauvre d'entre eux, pour acheter un cercueil et payer les frais d'enterrement.

Par un juste châtiment de son impiété envers les défunts, celui qui aura refusé une cotisation nécessaire doit être enterré sur des montagnes solitaires où personne n'ira répandre des libations vainement attendues, et on le laissera dormir dans la terre glacée où il aura été enfermé sans cercueil.

De plus, tout réfractaire à la solidarité sur ce point sera frappé de soixante-douze coups de bambou.

L'article XII est assez bizarre.

En même temps qu'il recommande la crainte des êtres invisibles et de la Providence qui se venge, il défend aux *frères*, lorsqu'ils sont accusés, de prier dans les temples, pour l'absolution de leurs serments. Sans doute faut-il entendre par là que, traduits en justice pour appartenir à la Société, il leur est interdit d'attendre, ou des hommes ou du ciel même, l'abolition du vœu de garder le secret et de rester liés à la *Parfaite Harmonie*.

Le traître devra être haché à coups de couteau, après que ses oreilles lui auront été coupées.

L'article XIII concerne les rapports des *frères* avec les étrangers. Si quelqu'un de la secte se dispute avec une personne qui n'en soit pas, le *frère* doit s'approcher d'eux, s'enquérir du motif de leur querelle, et s'efforcer de les mettre d'accord. Celui qui se désintéresse de la paix ou de la discorde entre les hommes mérite que jamais ses enfants ne vivent en harmonie.

L'article XIV revient encore une fois à des principes moins nobles; il recommande entre les *frères* la complicité naturelle, même pour les actes coupables. Un incendie a-t-il été allumé, un vol a-t-il été commis; il importe de rechercher si l'auteur ou si la victime sont membres de l'association. Cela peut être reconnu d'après certains signes, et, dans ces occurrences, il faut, pour rechercher l'auteur ou pour le cacher, se souvenir de la solidarité jurée.

Le poignard punit ceux qui ne secourent pas, ou qui secourent, selon les cas.

D'après l'article XV, lorsqu'un *frère* est recherché par les juges pour être emprisonné, tous doivent favoriser sa fuite et lui procurer le moyen de vivre en pays étranger.

« Que celui qui n'observe pas ce commandement périsse sur la voie publique; que les pourceaux dévorent son corps, et qu'il ne revienne jamais en ce monde. »

La dernière partie du précédent anathème implique la croyance à la métempsychose, selon laquelle, ainsi qu'il est enseigné par le taoïsme, l'âme revient subir plusieurs réincarnations successives, préférablement en de nouvelles formes humaines.

Mais si une grande partie des Chinois croit à la réalité de ces transformations, au contraire, les confucianistes tournent en ridicule la foi et la possibilité de ces avatars. C'est ce que l'on peut curieusement constater, en étudiant cette partie très intéressante de la littérature chinoise que l'on appelle les *drames tao-sse*.

L'article XVI envisage le cas où les juges ont mis à prix la tête d'un *frère*, ainsi que celui, moins grave, où une prime est fixée pour sa capture.

« Celui qui, dans l'un de ces deux cas, aura livré

le *frère* sera considéré comme coupable du plus grand de tous les crimes. Il sera brûlé vif, après que sa tête aura été séparée de son corps. »

L'article XVII renferme une conception curieuse de la vertu de force et de la responsabilité de l'individu devant la destinée.

« Depuis des siècles, le bonheur et le malheur n'ont pas de limites; et l'homme les tire de lui-même.

« Le ciel possède des vents et des nuages inépuisables; l'homme tient devers lui la misère ou la félicité, du matin au soir.

« Donc, lorsqu'un *frère* s'est attiré des revers par sa propre faute, il devra seul les supporter; et les *frères* n'auront pas à le retirer de sa position malheureuse. »

Et pourquoi cet homme ainsi éprouvé paraît-il indigne de tout secours? C'est que, à cause de sa malchance née de son incapacité ou de ses vices, il ne peut devenir, après sa mort, qu'un *esprit malsain*, et jamais il n'obtiendra la réincarnation dans un corps nouveau, où il montrerait encore sa funeste insuffisance.

L'article XVIII règle l'avancement et l'admission aux divers grades de la Société.

« Vous êtes de la Société fondée par les *Cinq Ancêtres* : dès que vous avez traversé le *pont qui mène au temple* et que la loge vous est ouverte, vous pouvez obtenir, après un an, le grade de compagnon.

« Deux ans après, si vos services ont été loyaux et bons, vous passez *avant-garde*.

« Après trois ans, vous pouvez arriver *maître*, s'il y a une vacance.

« Si vous désirez ouvrir une foire, vous devez

envoyer une circulaire pour informer les *frères.* »

Et voici l'anathène prononcé contre celui qui voudrait créer, sans avertir les *frères*, une loge en quelque sorte hérétique : il mérite de mourir anonyme, méprisé de tous, dévoré par les chiens errants qui ne connaissent pas de maîtres et mangent salement leur proie !

L'article XIX ne manquerait pas d'à-propos pour nos contemporains de tous pays : il interdit aux supérieurs d'accepter des présents de leurs subordonnés, et il leur recommande que les diverses affaires auxquelles leur grade les mêle ne leur fassent point perdre la notion de la différence entre le bien et le mal.

L'article XX prescrit la fidélité dans la garde et la reddition des dépôts, surtout quand il s'agit d'argent et de lettres, confiés à des émigrants, pour des frères demeurant déjà en pays étrangers.

L'article XXI défend de montrer aux profanes le chemin vers la *Cité des Saules*, c'est-à-dire de les introduire subrepticement dans une loge, pour les faire assister à une séance de la Société.

Le coupable aura les deux oreilles coupées et recevra cent huit coups de bambou.

L'article XXII est caractéristique. Il interdit de porter à la connaissance des autorités établies les différends survenus, ou les crimes commis entre *frères.* « Car les fonctionnaires de la dynastie des Tsings, race étrangère, et la Société des *Poings Harmonieux* sont séparément leurs propres maîtres. »

L'article XXIII proscrit les longs ressentiments et la vengeance.

L'article XXIV défend d'aider un étranger en

lutte avec un membre de la confrérie, ou de conspirer avec la police.

Les articles XXV, XXVI, XXVII, XXVIII règlent encore l'attitude des frères devant les étrangers et la police, soit qu'il s'agisse de rendre témoignage devant les juges, soit qu'un affilié se trouve, concurremment avec un étranger, créancier d'un autre *frère*, propriétaire gêné ou commerçant en déconfiture, soit que des policiers en voyage demandent l'hospitalité, ou encore lorsqu'il s'agit d'aider à découvrir le voleur qui aurait dépouillé quelqu'un de la Société.

D'après l'article XXIX, lorsqu'un procès se juge entre les *frères*, tous doivent se garder d'avoir avec eux des bâtons ou des armes tranchantes.

Selon l'article XXX, lorsqu'un *frère* rencontre sur la voie publique l'épouse ou la concubine d'un autre *frère*, il doit s'abstenir de toute parole mal sonnante, provocatrice ou grivoise.

« Celui qui n'observera pas ce commandement, qu'il ne soit jamais heureux, et qu'il périsse dans un exil sombre et stérile ! »

L'article XXXI blâme sévèrement l'usage des insultes grossières contre un homme, s'il est un *frère*.

Et l'article XXXII, renouvelant un précepte déjà formulé de solidarité, recommande de donner asile à la famille de l'affilié qui serait poursuivi par les juges.

Dans le XXXIIIe article, malgré l'indifférence officielle de la secte en matière religieuse, le code ésotérique prescrit aux membres de célébrer la fête de Tous-les-Saints bouddhiques, qui existe en Chine, et la fête des morts, commémoration nationale en l'honneur des ancêtres. La célébration de ces fêtes doit se faire en commun; chacun, riche ou pauvre, est tenu, pour sa possible part, de contribuer aux frais des réjouissances et des cérémonies. Bien que détachés des pratiques confessionnelles des trois religions anciennement établies en Chine : confucianisme, bouddhisme, taoïsme, les Boxers ont néanmoins adopté le bizarre credo que voici : « Nous adorons le Ciel comme notre père, la Terre comme notre mère, le Soleil comme notre frère, la Lune comme notre belle-sœur, puis les *Cinq Ancêtres*, et Wan-Yun-Loung, et tous les *frères*, et les compagnons renommés depuis les siècles antiques. »

L'article XXXIV accorde aux *frères inspecteurs* en tournée, le droit de se faire loger et nourrir par les adhérents.

Enfin, l'article XXXV impose encore la bonne harmonie entre tous les membres de la *Parfaite Harmonie*, et l'article XXXVI résume l'obligation de la concorde et de la bonté réciproques, en une formule qui ne manque pas de grandeur :

« Vous êtes de la Société fondée par les *Cinq Ancêtres* : considérez-vous donc comme n'étant qu'un même corps. Aimez-vous ; soyez aussi attachés les uns aux autres que si vous étiez des enfants issus d'une même mère.

« Il a toujours été dit que celui qui entre dans une maison doit en observer les règlements et les habitudes. Ici, vous devez être persévérants jusqu'à la fin, et vous montrer bienveillants et justes.

« Vous êtes tenus de vous souvenir du code juré, depuis le premier jusqu'au trente-sixième article, afin que vos enfants soient heureux ; et ce sera comme si vous jouissiez du bonheur durant de longues générations.

« L'antiquité a dit : Une famille qui thésaurise les vertus croît dans une large rosée de bénédictions. »

Telles sont la législation ésotérique et la morale particulière de la secte des *Poings-Harmonieux*, qui a surpris le monde par la subite explosion de sa mystérieuse puissance et de ses excès dans toute la Chine.

On voit assez que ce n'est point une plante adventice, un produit éphémère de l'éternelle tendance des Chinois à multiplier les corporations, fût-ce celles de mendiants, de vagabonds, de voleurs, d'assassins.

Quelques menaces diplomatiques ne feront pas rentrer sous terre ce rejeton le plus robuste et plus redoutable du traditionalisme autochtone, surgi contre tout ce qui est étranger, d'il y a deux cents ans ou d'hier.

Aujourd'hui, les princes de la dynastie tartare se sont mis à son ombre : demain, elle les tuera !

VI

Pour entretenir, vis-à-vis les uns des autres, des relations de camaraderie toute spéciale et pour suivre en ce sens les prescriptions de leur code, les affiliés ont besoin de signes extérieurs de reconnaissance.

Et d'abord, lorsqu'un différend s'est élevé entre eux, il faut le porter, non point devant les juges ordinaires, mais devant le tribunal de la secte, nommé *Tribunal des cinq fondateurs*.

Pour s'y présenter de telle sorte qu'il y soit admis comme justiciable ou suppléant, le frère est forcé de savoir l'emploi de certains rites.

Il doit paraître dans la salle d'audience, pieds

nus, les cheveux en désordre et le pan de la robe ouvert.

Il récite quatre quatrains symboliques. Après quoi, le maître lui demande ses titres. Si le maître fait cette demande en tendant vers le solliciteur trois ou quatre doigts, celui-ci ne doit pas donner ses titres et pièces.

Au contraire, le juge tend-il la main ouverte; alors le demandeur est reconnu, il peut livrer ses pièces et s'expliquer.

Quelle que soit la décision du Conseil Suprême elle aura force de loi.

Quand un *frère* est en voyage, il a, pour demander sa route, des quatrains spéciaux qu'il récitera. Se dispose-t-il à entrer dans une maison, il doit s'arrêter sur le seuil, et, pour pénétrer plus avant, partir du pied gauche. Puis, il faut faire les huit saluts. S'étant assis, il enlève, selon la coutume chinoise, ses souliers, s'ils sont de paille. Et, pour faire le signe de la fraternité, il les tourne bout contre bout. Ces signes secondaires de reconnaissance sont innombrables, d'autant que le Chinois est naturellement formaliste à l'excès.

Si un *frère* est attaqué par un voleur, il récite le quatrain suivant :

> Je ne crains pas une épée seule.
> Mon frère, prenez deux épées;
> Et avec moi qui suis fils des Cinq Ancêtres,
> Venez exterminer les Tartares.

Il est permis de sourire encore, en passant, du rôle prépondérant et efficace que joue le quatrain dans les rites et dans la vie des Boxers.

Voici un cas plus singulier.

Lorsqu'un navire est attaqué par des pirates, le capitaine du bâtiment, s'il est de la Société des

Cinq Ancêtres, écrit sur un éventail blanc les vers qui suivent :

Pure est l'eau glacée de l'automne.
La couleur de jade excite nos désirs.
Le poisson au travers des vagues brille d'un grand éclat.
Reconnaissez mon clignement d'yeux,
Quand résonnent le fusil et le canon
contre d'autres que les Tartares.

Au cas, assez fréquent, où le chef des pirates est un affilié, il épargne le navire.

L'une des cérémonies les plus importantes et les plus apocalyptiques auxquelles les *frères* procèdent entre eux est celle du *thé et des coupes.*

Lorsque plusieurs sont réunis dans une maison amie, il y a une foule de rites à accomplir et de quatrains à réciter, durant la confection, la présentation et l'absorption de la boisson nationale.

Il y a des quatrains pour verser l'eau sur le thé, pour dire de quel endroit il provient, pour placer la théière, pour en retirer ou pour remettre le couvercle.

Et quand il s'agit de disposer les coupes et les bols sur la table, cela devient de la stratégie aussi savante que grotesque.

Trois coupes en triangle signifient la montagne au point culminant où doit atteindre la dynastie des Mings ressuscitée.

Quatre coupes en ligne verticale signifient le soleil qui monte au zénith. L'on sait que, en chinois, le monosyllabe qui signifie lumière est également le caractère qui signifie Ming et se prononce de même.

Cinq coupes horizontalement rangées représentent les *Cinq Ancêtres*.

Six coupes en trois rangs de une, deux et trois coupes, forment une pyramide qui figure la paix et l'équilibre universels.

Sept coupes, dont quatre sur une ligne verticale et trois sur une ligne qui coupe la première, représentent l'épée des héros de l'association. Si ces sept coupes sont placées en ligne horizontale, elles signifient les femmes de génie traversant, après leur mort, le *septième soir*, c'est-à-dire la voie lactée.

Le nombre des coupes pouvant encore s'accroîtee, quinze coupes rangées en cercle symbolisent l'assemblée des *frères*; et dix-huit coupes en rangs inégaux et confus sont l'image de leur troupe se rendant à la loge ou se précipitant au combat.

Joignez à cela que chaque série de coupes, de deux à dix-huit, peut donner lieu à plusieurs combinaisons, selon la figure que l'on forme avec les coupes.

De quelle exactitude de mémoire doit faire preuve un *frère* qui connaît la pratique et le symbolisme de ces rites, où éclate l'oiseux dans le compliqué, la subtilité dans la puérilité, c'est-à-dire presque tout l'esprit chinois !

Et quand il s'agit d'offrir à un hôte la pipe traditionnelle, que de significations différentes, selon qu'on la présente des deux mains, ou seulement de la main droite, ou de la gauche, ou en la tenant avec deux, trois ou quatre doigts; selon que le fourneau est tourné en l'air ou vers le sol; selon que le tuyau est dirigé vers le maître de la maison ou vers l'étranger; suivant que l'on bouche le fourneau avec un doigt, ou qu'on le laisse béant !

Du reste, pour chaque signe ainsi fait, il faut répondre à ce langage muet par des quatrains ! C'est charmant, et l'on avouera qu'un bon sociétaire possède un fameux répertoire de ces petits poèmes.

Mais le moyen positif de reconnaissance entre les

frères révèle une administration plus sérieuse. Tout sociétaire qui s'éloigne un peu de sa demeure doit porter sur lui son diplôme d'adhérent, avec le cachet de la loge à laquelle il appartient; et, outre deux objets symboliques : l'éventail blanc et le fil de soie rouge enroulé neuf fois autour d'un roseau, il a constamment trois *cashs* ou sapèques portant la marque de l'association. Le *cash* de la Société, d'une forme ronde avec un carré gravé au milieu, est en cuivre et porte l'inscription : *Ying-Nao*, qui signifie *monnaie des héros*.

Et il ne faudrait point conclure de tout cela que la Société recrute ses adhérents parmi l'ignare et superstitieuse populace. Au contraire, elle puise sa force et la garantie de sa durée dans l'élite intellectuelle de la Chine érudite et raffinée qui, par des brochures toujours et copieusement répandues, alimente et avive la haine et le dégoût de toute influence étrangère.

Les rangs des affiliés sont encore grossis par les innombrables déclassés dont, en Chine, toutes les conditions regorgent. Car c'est une profonde erreur de croire qu'il y a place, dans l'administration cependant immense de ce pays, pour quiconque a subi avec succès de beaux examens. Que de possesseurs de diplômes, autorisés par le fait à se parer de boutons multicolores, doivent descendre aux métiers les plus bas ! Et ce phénomène de déclassement social apparaît dans toutes les grandes villes.

L'anecdote suivante est typique à ce sujet.

Un des diplomates qui ont le plus réellement connu la Chine intérieure effectuait un voyage et remontait le cours d'un fleuve, lorsqu'il dut, pour passer sur l'autre rive, s'engager sur une très étroite passerelle. Mais de l'autre extrémité arrivait avec son escorte, et porté dans un palanquin, un mandarin grassouillet.

Les deux troupes se rencontrèrent au beau milieu du pont.

Sérieusement, le chef des porteurs du mandarin réclame le passage, à cause de la qualité de son maître.

Or, il se trouve que l'Européen, personnage diplomatique, possède un rang égal à la dignité du Chinois.

Qui donc aura le pas ? Et qui retournera en arrière ?

Les titres des maîtres s'équivalent, l'on convient de s'en rapporter à ceux des valets. Le chef des porteurs du mandarin exhibe un diplôme de lettré, mais, à la stupéfaction de tous, le premier serviteur du diplomate justifie d'un grade bien supérieur, qui lui donne droit de porter les boutons les plus somptueux.

De plus, les deux valets se firent des signes mystérieux.

Au reste, il serait difficile de trouver un Chinois qui n'appartînt pas à quelque société secrète, fût-il du peuple ou du mandarinat, riche ou pauvre, confucianiste, bouddhiste, taoïste ou sceptique.

Contre l'Europe, il y a, il y aura toujours, en Chine, plus que les Boxers, plus que toutes les triades, la Chine tout entière, et plus que la nation actuelle et vivante, mais encore des traditions respectées avec fanatisme et cinquante siècles d'ancêtres à l'âme naturellement ennemie de la nôtre.

LÉON CHARPENTIER.

POÈMES

—

PROMENADE

C'était je ne sais quel matin, frais et nacré
Comme le poisson vif aux gluantes écailles
Dans le filet tiré dont s'égouttent les mailles,
Un matin de santé, jeune, oublieux, sacré,
De ceux où l'on s'en va sur ses jambes, à l'aise,
Heureux d'être robuste et que le ciel soit clair !
J'errais sur les récifs que découvre la mer
Et qu'à son tour, à nu, l'aurore épouse et baise.
Les varechs pustuleux craquaient; les crabes verts
Grattant la vase, se terraient à mon approche,
Ou, plus souvent, surpris dans l'amour, de travers
S'esquivaient, emportant dans des fentes de roche
Leur femelle pendue à leur ventre; soudain,
Mon pied glissant, j'avais de l'eau jusqu'aux chevilles,
De cette eau rude qui pince la chair des filles
Et les fait rire, les mains sur la gorge, au bain...
Et cependant brillait, oblique, au ras des houles,
Parmi des tournoiements criards d'oiseaux vermeils
Qui semblaient becqueter ses flammes, le soleil !
Et debout dans le vent, des pêcheuses de moules,
A la pointe d'un cap empanaché d'embruns,
Le corps droit dans les plis flottants des haillons bruns,
S'enlevaient en vigueur sur le ciel rose, telles
Des victoires d'airain et d'or, battant des ailes !

Ainsi j'errais, le front vers l'orient, les yeux
Eblouis, l'âme vague et divinement ivre,
Plein d'un étonnement d'aller, de voir, de vivre,

MERCVRE DE FRANCE

XV, RVE DE L'ÉCHAVDÉ. — PARIS

paraît tous les mois en livraisons de 300 pages, et forme dans l'année 4 volumes in-8, avec tables.

Rédacteur en chef : ALFRED VALLETTE.

Littérature, Poésie, Théâtre, Musique, Peinture, Sculpture, Philosophie, Histoire, Sociologie, Sciences, Voyages, Bibliophilie, Sciences occultes, Critique, Littératures étrangères, Portraits, Dessins et Vignettes originaux

REVUE DU MOIS

Épilogues (actualité) : Remy de Gourmont.
Les Poèmes : Pierre Quillard.
Les Romans : Rachilde.
Littérature : H. de Régnier, R. de Gourmont.
Histoire : Marcel Collière, Edmond Barthélemy.
Philosophie : Louis Weber.
Psychologie : Gaston Danville.
Science sociale : Henri Mazel.
Questions morales et religieuses : Victor Charbonnel.
Sciences : Dr Albert Prieur.
Archéologie, Voyages : Charles Merki.
Questions coloniales : Carl Siger.
Romania, Folklore : J. Drexelius.
Bibliophilie : Pierre Dauze.
Ésotérisme et Spiritisme : Jacques Brieu.
Chronique universitaire : L. Bélugou.
Les Revues : Charles-Henry Hirsch.
Les Journaux : R. de Bury.
Les Théâtres : A.-Ferdinand Herold.
Musique : Jean Marnold.
Art moderne : André Fontainas.
Art ancien : Virgile Josz.
Publications d'art : Y. Rambosson.
Le Meuble et la Maison : Les XIII.
Chronique du Midi : Jean Carrère.
Chronique de Bruxelles : G. Eekhoud.
Lettres allemandes : Henri Albert.
Lettres anglaises : Henry-D. Davray.
Lettres italiennes : Luciano Zuccoli.
Lettres espagnoles : Ephrem Vincent.
Lettres portugaises : Philéas Lebesgue.
Lettres hispano-américaines : Eugenio Diaz Romero.
Lettres brésiliennes : Figueiredo Pimentel.
Lettres néo-grecques : Giorgios Lambelétis.
Lettres russes : Adrien Souberbielle.
Lettres polonaises : Jan Lorentowicz.
Lettres néerlandaises : A. Cohen.
Lettres scandinaves : Peer Eketræ.
Lettres hongroises : Zrinyi Janos.
Lettres tchèques : Jean Otokar.
La France jugée à l'Étranger : Lucile Dubois.
Variétés : X...
Publications récentes : Mercure.
Échos : Mercure.

PRIX DU NUMÉRO

France : 2 fr. *net* | **Étranger : 2 fr. 25**

(Les Nos anciens se vendent au même prix que les nouveaux).

ABONNEMENT

France		**Étranger**	
UN AN	**20** fr.	UN AN	**24** fr.
SIX MOIS	**11** »	SIX MOIS	**13** »
TROIS MOIS	**6** »	TROIS MOIS	**7** »

ABONNEMENT DE TROIS ANS, avec prime équivalant au remboursement de l'abonnement.

France : 50 fr. | **Étranger : 60 fr.**

La prime consiste : 1° en une réduction du prix de l'abonnement ; 2° en la faculté d'acheter chaque année 20 volumes de nos éditions, à 3 fr. 50, *parus ou à paraître*, aux prix absolument nets suivants (emballage et port *à notre charge*) :

France : 2 fr. 25. | **Étranger : 2 fr. 50**

COLLECTION DU RECUEIL :

Tomes I à XL, quarante forts volumes brochés, avec deux tables par volume . . . . 247 fr.

Les tomes I et II comptent dans ce prix pour 20 fr. chacun et ne se vendent qu'avec la collection complète. Tous les autres volumes, sauf le tome XVII, se vendent séparément au prix de 5 fr. l'un jusqu'au tome XXIII inclusivement. Le prix de chaque volume est de 6 fr. à partir du tome XXIV.

Poitiers. — Imprimerie du Mercure de France, BLAIS et ROY, 7, rue Victor-Hugo.

www.ingramcontent.com/pod-product-compliance
Ingram Content Group UK Ltd.
Pitfield, Milton Keynes, MK11 3LW, UK
UKHW021001220726
13924UKWH00002B/835